Liebe Eltern,

wir wollen Ihr Kind beim Lesenlernen unterstützen, und zwar mit Geschichten, die Spaß machen.

Unsere Bücher mit dem liebenswerten Leselöwen begleiten Ihr Kind durch die 1. Klasse. Sie enthalten eine spannende Geschichte mit einfachen Sätzen und gut lesbarer Schrift. Viele bunte Bilder sorgen für Lesepausen und helfen, die Geschichte zu verstehen. Mit den Aufgaben zum Text kann Ihr Kind selbst prüfen, ob es den Text richtig verstanden hat. Zu den markierten Wörtern warten am Ende des Buches spannende Fakten und in unserem Onlineportal finden Sie viele weitere Extras!

So wird Ihr Sohn oder Ihre Tochter zum echten Leselöwen!

Ihr
Leselöwe

Jetzt geht es los!

Christian Tielmann

Fußballstar und Dribbelkönig

Illustriert von Heidi Förster

Ihre Meinung zählt!

Nehmen Sie jetzt an einer kurzen Elternbefragung
des Loewe Verlags teil und beeinflussen Sie
die zukünftige Entwicklung unserer Kinderbücher:

www.elternbefragung.online

FSC
www.fsc.org
MIX
Papier aus ver-
antwortungsvollen
Quellen
FSC® C018236

ISBN 978-3-7432-0828-5
1. Auflage 2021
© 2021 Loewe Verlag GmbH, Bindlach
Umschlag- und Innenillustrationen: Heidi Förster
Umschlaggestaltung: Kathrin Tobian
Vignetten Leselöwe und Sticker: Angelika Stubner
Printed in the EU

www.leseloewen.de

Inhalt

Das Duell

Rafi spielt Fußball.

Nicht supergut. Aber supergern.

Genau wie Ole.

Aber die Jungs mögen sich nicht
und spielen gegeneinander.
Und zwar immer und überall.

Heute kämpfen sie sogar
auf dem Heimweg um den Ball.

Kurz vor Rafis Haus

köpfen beide den Ball.

Hammerhart.

„Autsch", stöhnt Rafi.

„Autsch", stöhnt Ole.

„Autsch", stöhnt der Ball.

Er ist geplatzt!

Rafi reißt die Augen auf.

„Hat der Ball echt geredet?",

fragt er Ole.

Da erscheint ein Geist.

„Ihr habt drei Wünsche frei!",

sagt der Fußballgeist.

„Super! Jeder drei?", fragt Ole.

Typisch Ole, findet Rafi.

Doch die drei Wünsche
müssen sie sich teilen.
„Ich will **Fußballstar** sein",
entscheidet Ole.

Das wünscht sich Rafi auch.

Der Geist schüttelt den Kopf:

„Nachmachen gilt nicht!"

Rafi denkt nach.

„Ich will besser **dribbeln**
als jeder Gegner!"

„Geht klar", sagt der Geist.

Den dritten Wunsch dürfen

sich die Jungs noch aufheben.

„Wünsche aktiviert!", sagt der Geist

und löst sich in Luft auf.

Ob der Geist gelogen hat?

Sie probieren es aus:

Rafi zieht mit dem platten Ball

ganz einfach an Ole vorbei.

Ole ist sauer: „Betrug!

Ich bin doch der Star!"

Einige Leute bleiben stehen.

Sie erkennen Ole.

Alle jubeln und winken.

Ole ist echt berühmt!

Rafi kickt trotzdem besser.

Ihre Wünsche wurden erfüllt!

Die Meisterschaft

Ole und Rafi
dürfen in die Schulmannschaft.
Bald ist ein wichtiges Spiel.
Es geht um die Meisterschaft!

22

„Oje, das geht in die Hose",
murmelt Ole vor dem Spiel.
Rafi klopft ihm auf die Schulter.
„Ich helfe dir. Ausnahmsweise."

Dann ist es so weit – **Anpfiff**!

Rafi sprintet los. Er ist gut!

Er dribbelt sogar

den stärksten Gegner aus.

Kurz vor dem Tor
passt Rafi rüber zu Ole.
Ole schießt – Volltreffer!

Mit diesem Trick

macht Ole sieben Tore.

Sie gewinnen 7:1!

Der letzte Wunsch

Jetzt wollen immer alle

Selfies mit Ole knipsen.

Das nervt langsam!

Und Rafi? Er dribbelt *zu* gut.

Jetzt will keiner mehr

mit ihm **kicken**.

„So macht Fußball
keinen Spaß", findet Rafi.
„Und nur berühmt zu sein,
ist blöd", findet Ole.

Endlich hat Rafi einen Plan.
„Super Idee!", ruft Ole.
Gemeinsam suchen sie
den platten Ball.

Als sie ihn schütteln,

erwacht der Geist wieder.

„Was wollt ihr denn noch?",

fragt er gähnend.

Die Jungs verraten ihm

ihren letzten Wunsch.

„Sicher?", fragt der Geist.

Als beide nicken,

stöhnt der Geist:

„Oh nein! Wunschrückgabe!"

Der Geist wird knallrot.

Und er wird größer.

Und größer.

Bis er platzt.

Rafi sieht Ole an.

Ole sieht Rafi an.

Der Geist ist weg.

Die Wünsche auch?

Sie probieren es aus:

Rafi dribbelt los.

Ole nimmt ihm den Ball ab.

Super! Rafis Wunsch ist weg.

Ole schießt ein Tor.

Er jubelt extralaut.

Die Leute gucken zwar,

aber niemand erkennt ihn.

„Wir haben es geschafft!",
ruft Rafi und freut sich.
„Wir sind wieder normal!"
Die Jungs lachen.

Und dann kicken Rafi und Ole.

Nicht supergut, aber supergern.

Und nach diesem Abenteuer

am liebsten zusammen!

39

Fragen und Antworten

1. **Wie spielen Rafi und Ole Fußball? Kreuze an.**

☐ Nicht supergern. Aber supergut.

☐ Supergern. Und supergut.

☐ Nicht supergut. Aber supergern.

Antwort: Nicht supergut. Aber supergern.

2. **Was erscheint, als der Fußball platzt? Bringe die Buchstaben in die richtige Reihenfolge.**

T E S G I

Antwort: Geist

40

3. Wie viele Wünsche haben Rafi und Ole frei? Rechne aus und kreuze an.

☐ 10-8 =

☐ 10-7 =

☐ 10-6 =

Antwort: 10-7 = 3

4. Was wünscht Ole sich? Trage die fehlenden Buchstaben ein.

Ich will Fu__ba____s__ar sein.

Antwort: Ich will Fußballstar sein.

5. Was passiert zuerst? Bringe die Bilder in die richtige Reihenfolge.

Antwort: 1. Rafi und Ole sind genervt voneinander. 2. Der Fußballgeist erscheint. 3. Rafi und Ole sind Freunde.

köpfen (Seite 11):

Wenn man größer ist als der Gegenspieler oder besser springt, kann man ihm mit einem Kopfball den Ball abluchsen. Obwohl das Spiel *Fuß*ball heißt, darf man also auch mit dem Kopf spielen. Nur mit der Hand oder dem Arm darf man den Ball nicht berühren.

Fußballstar (Seite 15):

Viele Kinder wünschen sich, Fußballstar zu werden. Aber es kann auch ganz schön nerven, immer im Mittelpunkt zu stehen. Deshalb ist Ole froh, als er endlich wieder ein normaler Junge sein kann. Welche Fußballstars kennst du?

dribbeln (Seite 17):

Dribbeln nennt man es,
wenn man den Ball nicht sofort
wieder abspielt, sondern mit ihm
weiterläuft. Um einen Gegner zu
überwinden, führt man den Ball dicht am Fuß. So wird
er einem nicht so leicht weggeschnappt.

Anpfiff (Seite 24):

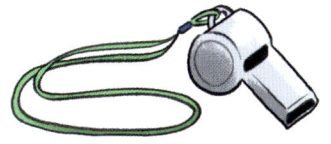

Mit dem Anpfiff lässt der Schieds-
richter das Fußballspiel beginnen.
Dafür benutzt er eine Trillerpfeife. Auch nach einem Tor
oder zu Beginn der Halbzeit zeigt der Anpfiff, dass es
weitergeht. Beendet wird das Spiel durch den Abpfiff.

kicken (Seite 28):

Kicken ist ein anderes
Wort für Fußballspielen. Es
kommt vom englischen Wort
„to kick", was „treten" bedeutet.

Blättere schnell um und trage die blauen Buchstaben
in der richtigen Reihenfolge in die Kästchen ein!

Christian Tielmann schreibt seit 1999 für verschiedene Verlage mit großem Erfolg Kinder- und Jugendbücher. Seine Werke wurden in mehr als 20 Sprachen übersetzt und mehrfach ausgezeichnet. Er lebt in Detmold.

Heidi Förster zeichnet schon, seit sie denken kann. Nach jahrelanger Übung auf dem Zeichenblock warf sie eines Tages ihren Bleistift beiseite und entdeckte ihre Leidenschaft für die digitale Kunst. Auf ihrem Grafiktablett kreiert sie heute mit viel Kreativität liebenswerte Figuren und Illustrationen für verschiedene Verlage.

Das Leselöwen-Lösungswort

Besuche den Leselöwen auf
www.leseloewen.de und trage
die farbigen Buchstaben
von den Seiten *Schon gewusst?*
in der richtigen Reihenfolge
in die magische Box ein.

Wenn du das Lösungswort
gefunden hast, kommst du auf
die geheime Seite mit vielen
weiteren Spielen und Rätseln!

Der **Leselöwe** freut sich auf dich!

Jetzt
online!